# Louis XVII
## Évasion, descendance, rédemption

# Jean-Georges de Weer

# Louis XVII
## Évasion, descendance, rédemption
### *Recueil*

LE LYS BLEU
ÉDITIONS

*Aux Français qui ont mal à leur histoire.*

# Préambule

Tout paraît avoir été dit à propos de l'affaire Louis XVII, surtout après les analyses ADN de l'an 2000 qui ont abouti à l'inhumation du cœur, à Saint-Denis, du soi-disant cœur du dauphin en 2004. Pourtant, il reste au moins une façon inédite de considérer les choses, celle que nous allons vous exposer dans ce livre.

Nous partirons des hypothèses scientifiques d'Eric Muraise, exposées dans « Histoire et légende du Grand Monatque » (Albin Michel, 1975). Cela ne veut pas dire que nous ferons les mêmes observations ni n'arriverons aux mêmes conclusions. C'est de pouvoir en produire d'autres qui est extraordinaire et qui constitue l'originalité du présent ouvrage.

Nous ne nous attarderons pas sur les motivations qui ont pu pousser à pratiquer les analyses ADN. C'est polémique et cela n'enlèvera rien à la présente thèse qui devrait trouver quelque écho.

Des milliers de livres ont été écrits à propos de l'affaire Louis XVII jusqu'à ce qu'on arrive au mur apparemment insurpassable des analyses ADN. Les livres sur Nostradamus sont aussi nombreux sans que cela paraisse apporter grand-chose au sérieux de l'œuvre du prophète provençal et c'est bien ce qui manque pour le prendre en considération. Eric Muraise, lui, a cru et a commencé à interpréter ses dires en faveur d'un roi perdu et de sa descendance dont il s'est demandé s'il ne pouvait pas être Louis XVII. Il n'avait pas d'idée arrêtée sur l'évasion du Temple, il en a même fait un ouvrage à part, avec Maurice Etienne, « Les Treize Portes du Temple Et les Six Morts de Louis XVII » (Éditions Guy Tredaniel, 1980).

Il est écrit dans tous les sens, que ce soit les prophéties ou l'histoire, et il paraît impossible d'en tirer un enseignement stable et sûr. La démarche que nous proposons est scientifique, dans le sens de l'histoire « synthétique » d'Eric Muraise et se confrontera à une vérification. C'est rarement le cas, c'est pourquoi nous réclamons l'indulgence du lecteur, de tant nous exposer.

Si nous sommes dans le vrai, il devrait y avoir des conséquences politiques susceptibles de ne pas plaire à tout le monde, que ce soit pour une raison ou pour une autre. Nous espérons seulement aboutir à une sagesse. D'emblée, notre étude ne nous incite pas à plaider en bloc pour la royauté ou pour la république mais plutôt pour un mélange des deux, la mémoire de l'Histoire et la maîtrise du présent. Au-delà du temporel, il devrait en naître une réflexion sur Dieu, la mort et l'éternité en fonction des préoccupations de chaque époque.

Nous ferons donc une hypothèse privilégiée d'évasion. Nous verrons ce que nous laisse entrevoir Nostradamus à propos de la descendance de Louis XVII, quel rapport il peut y avoir avec la réalité historique. Enfin, nous livrerons ce qui pour nous peut être une vérification du tout.

# Genèse d'un intérêt

Du plus loin que je me souvienne, il me semble avoir pris conscience d'un secret de famille, si j'avais connu la notion, enfant, lors de visites au cimetière de Malaunay, près de Rouen, avec mes parents, sur la tombe de mes grands-parents. Il me semblait que quelque chose m'était caché.

Plus tard, c'est à l'occasion de coups de fil anonymes, à l'automne 1971, dont je ne me suis souvenu qu'en 1978, après avoir vu le film d'espionnage « Dossier 51 » d'après le livre de Gilles Perrault. On m'a appelé chez mes parents, à l'Ile-Bouchard, en Touraine, alors que j'étais censé être à la résidence étudiante du Sanitas, à Tours. Il fallait le savoir. C'était comme si quelqu'un était au courant de mes relations mais ce n'était pas cela. Il était dit que je fréquentais la brasserie de l'Univers, place Jean Jaurès à Tours, où je ne suis jamais allé. Il m'était dit des noms que je ne connaissais pas. Je restais au téléphone, cherchant sans doute à comprendre. La conversation a traîné en longueur puis s'est arrêtée. Cela semblait devoir en rester là puis, immédiatement après, deuxième coup de téléphone. Il m'était dit que c'était un jeu, « Le ruban bleu » de Radio Armorique, ce qui était curieux en Touraine, pour savoir quel était l'auditeur le plus patient. C'en serait sans doute resté là s'il n'y avait eu le film.

En février 1972, je suis tombé malade et été hospitalisé pour fugue, bouffée délirante et état manico-dépressif, bipolaire. Auparavant, j'avais cru distinguer que la lampe de bureau de ma chambre étudiante, après l'avoir démontée, était équipée d'un microphone. J'ai accepté l'hôpital croyant que j'y serais protégé.

En 1992, ma mère que je pressais m'a informé que lors de ma convalescence de 1972, mes parents avaient intercepté une lettre anonyme qui m'était destinée. Elle leur a paru bizarre. Le timbre représentait ce qui leur a semblé être une mouche tsé-tsé. Ils l'ouvrirent et découvrirent qu'au milieu d'un certain nombre de bêtises, il était dit : « il se retrouva sur un lit d'hôpital et perdit ses parents ». Comme elle était expédiée de Ligueil et que la veille, ils s'étaient renseignés, des camarades y avaient joué au football, ils pensèrent que c'était une mauvaise blague et décidèrent de me la cacher, craignant qu'elle ne me fasse du mal. Bien sûr ! ils n'avaient aucun souvenir des coups de téléphone que je situe en 1971 avant que je tombe malade. De simples camarades auraient été bien malins de savoir que j'allais le devenir. Il est plus probable que l'on savait comment j'allais réagir, par fugue, à cause d'une menace diffuse. Méthode de services spécialisés ? Il est clair qu'une enquête avait été faite sur nous, sinon comment savoir à quel numéro de téléphone je me trouverais à l'automne 1971 ?

Ce n'est qu'au cours de mon service militaire, fin 1972, à Landau, en Allemagne, où j'ai été une nouvelle fois hospitalisé à Trèves, pour n'avoir pas pris mes médicaments, je n'en avais plus et je ne m'en souciais pas, je n'étais pas sevré, que j'ai commencé à associer, intuition, ce qui m'était arrivé à une histoire de noblesse. Déjà, je vivais mon cauchemar, pensant être dans une armée révolutionnaire.

En 1976, continuant mes pensées, j'ai découvert « Histoire et légende du Grand Monatque » d'Eric Muraise. A-t-on pris au sérieux sa thèse qui voulait qu'il se passe en France, ce qu'il s'était passé en Espagne, en 1975, le Général Franco avait installé Juan Carlos comme Roi ? Cela pouvait intéresser des services secrets. Lesquels ? Je n'ai à ce jour encore aucune réponse. En tout cas, ce qui m'est arrivé n'était pas naturel. Au cours d'un échange épistolaire, Eric Muraise (Colonel Maurice Suire de son vrai nom) m'a dit de faire attention, je pourrais avoir affaire à des barbouzes. Cela semblait déjà avoir été fait ; il avait publié son premier livre sur la question dès 1969.

Dès lors, comme lui l'avait fait, je me suis intéressé aux Centuries de Nostradamus, non pas à cause du caractère historique de ses prophéties qui peut toujours être sujet à discussions mais à cause de ce qui pouvait encore être caché sur le terrain et permanent. Je me suis attaché à établir une concordance complète pour serrer au plus près la toponymie.

Il y avait tout de même un quatrain qui pouvait avoir rapport avec ma famille, à cause du mot « honnira ». Mon arrière-grand-mère s'appelait Honnis Célina Félicité.

Centurie X-57
Le sublevé ne cognoistra son sceptre,
Les enfans ieunes des plus grands honnira :
Oncques ne fut un plus ord cruel estre,
Pour leurs espouses à mort noir bannira.

Le seul quatrain où il est question d'un sceptre ignoré, de quoi être fasciné durablement… notre famille, côté paternel était de gauche, ce qui est prophétisé et dit explicitement. Ordre cruel…

Centurie VI-90
L'honnissement puant abominable
Après le faict sera felicité

Grand excuse pour n'estre favorable,
Qu'à paix Neptune ne sera incité.

À tel point qu'on ne sait pas si le honnissement est dû à l'inversion politique familiale, pour avoir frayé malgré soi dans des milieux où c'est la gauche qui se fait, ou à la forme de bannissement que nous avons subi. Dans ce quatrain, avec le mot félicité, on voit poindre la rédemption… La honte n'est pas ce que l'on croit. Honni soit qui mal y pense !

# L'évasion

Il est incontestable que Nostradamus connaissait le thème du roi perdu.

Centurie I-25
Perdu, trouvé caché de si long siècle,
Sera pasteur demy Dieu honnoré :
Ains que la Lune acheve son grand siècle,
Par autres vents sera deshonnoré.

Il parle même d'une évasion :

Centurie V-36
De sœur le frere par simulte faintise
Viendra mesler rosee en myneral :
Sur la placente donne à veille tardive,
Meurt le goustant sera simple & rural.

« Simulte faintise ». Louis XVII le frère de Marie-Thérèse. Dans les hypothèses d'évasion, il en est une que rapporte Octave Aubry dans « Le roi perdu » (Arthème Fayard, 1927), après la visite de Paul Barras, en thermidor 1794, où il y aurait eu substitution d'enfants, le Dauphin étant emporté par Gaspard Petit de Petitval, ce qui peut correspondre. Rentrer dans les détails serait trop long, cela a été maintes fois raconté mais ce qui nous intéresse, c'est la rosée et le minéral, dew, en anglais, et verre, car effectivement, selon notre thèse, le dauphin a eu une enfant (placente) le 27 mars 1813 (même date de naissance que Louis XVII, ce qui peut être une date anniversaire psychogénéalogique), d'Amélie Buze, épouse de Benoit-Joseph Deweer, qui mourra un an après, une des causes pour lesquelles le secret a été scellé. Celui qui le sentira (goustant) sera simple et rural.

Même si l'on admet une évasion le 19 janvier 1794, avec l'aide des époux Simon, la filière passe aussi par de Petitval ainsi que le souligne Michel Wartelle dans son « Louis XVII ou le secret du roi » (Louise Courreau, Éditrice, 2007). Cette hypothèse a l'avantage d'expliquer pourquoi Robespierre se serait livré à l'aller et retour de Meudon, en mai 1794, constatant qu'il n'avait enlevé du Temple qu'un substitué. Que Robespierre et Simon aient été guillotinés en juillet 1794 serait justifié par le fait qu'ils avaient participé de près ou de loin à l'évasion du dauphin. Dans cette hypothèse, Barras, dans sa visite au Temple qui a suivi, se serait rendu aussi compte qu'il avait affaire à un substitué.

Centurie IV-49
Devant le peuple sang sera respandu,
Que du haut ciel viendra esloigner.
Mais d'un long temps ne sera entendu,
L'esprit d'un seul le viendra tesmoigner.

Louis XVI guillotiné, un seul descendant viendra témoigner pour lui et la survivance.

On imagine le dauphin transporté chez Petit de Petitval, rue de Seine, pas loin de chez Joséphine de Beauharnais qui a su, puis à Vitry-sur-Seine dans le château de ce même de Petitval.

Aux alentours du 20 avril 1796 où il est assassiné avec sa famille et sa domesticité, les pistes divergent.

Soit le dauphin est emmené à Saint-Domingue, piste qui selon Octave Aubry, aboutit à sa mort en 1803 lors d'une révolte de noirs à Port-au-Prince. Soit, et c'est la piste suivie par Myriam et Gaston de Béarn dans « Louis XVII La couronne de silence » (Éditions Mondiales, 1968), en plus de l'enfant de Petitval, un autre enfant échappe à l'assassinat et c'est la piste Hervagault, vrai dauphin selon eux, qui meurt à l'hôpital Bicêtre en 1812.

Or selon le compte tendu de la séance secrète du Directoire qui se serait tenue le 28 avril 1796, qui a été considéré comme faux par certains. Voir Bernard Quilliet : « L'affaire du Petit-Val » (Albin Michel, 1989). Reubell dit : « Depuis un certain temps, il (Petitval) faisait de continuels voyages, on ne sait exactement où il se rendait ni pour quels motifs il s'absentait aussi fréquemment. J'ai appris cependant par une lettre de Tort de la Sonde qu'il était en Belgique il y a quelques semaines. Les assassins n'ont point manqué de tuer les domestiques qui auraient pu fournir des renseignements sur les allées et venues de leur maître ». Barras : « On a égorgé les domestiques qui étaient particulièrement attachés à sa personne ; la femme de chambre qui soigna l'enfant que vous savez a eu la tête coupée ». « L'enfant que vous savez » serait évidemment Louis XVII. Mais alors cela nous montre une autre piste qui n'a pas été exploitée, la Belgique.

Centurie V-45
Le grand empire sera tost desolé
Et translaté pres d'arduenne silve :
Les deux bastards par l'aisné decollé,
Et regnera AEnobarb, nez de milve.

« Arduenne silve », la forêt des Ardennes, ce qui peut bien nous mener en Belgique où se rendait Petival. Madame de Mackau qui le fréquentait dans son château de Vitry, gouvernante des enfants de

France, de Louis XVII, connaissait Madame de Tourzel, une de Montmorency-Luxembourg, autre et plus importante gouvernante, originaire d'Amougies, Mont-de-l'Enclus, au nord de la forêt des Ardennes, d'où nous venons. Cela a-t-il un rapport ? De là à croire qu'il ait pu y être fait souche, il n'y a qu'un pas.

Toujours est-il que Barras, en négociation avec les Bourbon, lança une vaste opération de police secrète : « Troubles en Belgique en l'an VII » (archives nationales) juste avant le coup d'État de Bonaparte le 18 Brumaire 1799, an VII. Des députés du Conseil des Cinq Cents (royaliste), au moins un Verbrugghen (nom qui figure dans notre famille), notamment ont été arrêtés. Était-ce pour retrouver le Dauphin échappé ou exfiltré de Vitry-sur-Seine ? Il pouvait résulter de cet épisode des archives secrètes à l'origine de nos ennuis…

« Les deux bastards par l'aisné decollé » indique ce qui va se produire par la suite et que nous retrouverons dans le chapitre « Descendance ». L'aisné est Louis XVII ainsi que nous l'avons déjà vu dans le V-36 ; naissance d'une fille naturelle, Adèle.

# La descendance

Centurie X-52
Au lieu où Laye & Scelde se marient,
Seront les nopces de long temps maniées,
Au lieu d'Anvers où la crappe charient,
Ieune viellesse consorte intaminée ;

Cela rappelle le quatrain V-36, Amélie est en quelque sorte princesse consorte Elle est à la fois assez jeune pour enfanter et assez vieille pour mourir rapidement. Cela se passe là où la Lys et la Scarpe, affluent de l'Escaut, confluent, en Belgique.

Centurie VI-59
Dame en fureur par rage d'adultere,
Viendra à son Prince non de dire :
Mais bref cogneu sera la vitupere,
Que seront mis dix-sept à martyre.

Centurie VIII-25
Coeut de l'amant ouvert d'amour furtive
Dans le ruisseau fera ravir la Dame :
Le demy mal contrefera lassive,
Le père à deux privera corps de l'âme.

Ainsi, ce que personne n'a soupçonné, c'est que Louis XVII a eu une enfant et qu'il a été tenu au secret, semble-t-il plus parce qu'il fallait protéger l'adultère de la dame, Amélie Buze, plus que par peur de répression révolutionnaire. Ainsi s'effondre la thèse selon laquelle le cœur inhumé à Saint-Denis était celui du Dauphin. L'enfant qui naît, le 27 mars 1813, est appelée Adèle, ce qui veut dire Edel en langue germanique, noble. Le secret de famille commence à se refermer, d'autant plus qu'Amélie meurt en 1814 ainsi que nous l'avons déjà dit.

Le père officiel, Benoît-Joseph Deweer, se remarie avec Johanna Verbrugghen et ils prénomment leur premier enfant Karl Lödjewick, Charles Louis. Il semble bien que le dauphin faisait partie des proches.

Centurie X-55
Les malheureuses nopces celebreront
En grande ioye mais la fin malheureuse,
Mary & mere nore desdaigneront,
Le Phybe mort & nore plus piteuse.

Adèle, belle fille dans le second mariage, est délaissée et son sort est d'autant plus précaire que le phybe, Louis XVII, meurt avant de lui avoir révélé la vérité quant à sa naissance.

Centurie X-54
Nee en ce monde par concubine fertive,
À deux haut mise par les tristes nouvelles,
Entre ennemis sera prinse captive,
Et amenée à Malings & Bruxelles.

Il y aurait eu une errance au moment des guerres napoléoniennes dont nous n'avons pas connaissance mais « à deux haut », expression typique, signale une naissance noble comme le prénom Adèle.

Ce que nous savons, c'est qu'elle se retrouvera employée de maison à Roubaix, des Blum (Nostradamus, descendant de juifs christianisés, souligne bien qu'il prophétise pour son fils et un descendant des rois de France) dit-on et que là, elle aura, en 1842, un enfant naturel, Victor-Joseph. C'est la deuxième bâtardise. Si la première semble avoir eu lieu sous AEnobarb, Napoléon Bonaparte, la deuxième que signale également Nostradamus, a lieu sous les Orléans, le « neveu du sang ». Le secret de famille est une deuxième fois scellé et cela paraît impossible que l'on puisse le percer.

Centurie VIII-43

Par le decide de deux choses bastards,
Nepveu du sang occupera le regne,
Dedans lectoyre seront les coups de dards,
Nepveu par peur pliera l'enseigne.

Il ne suffit pas qu'à terme la lignée des Orléans soit bloquée. Cela semble bien être le cas aussi du Comte de Chambord, le boiteux qui avait eu un accident de cheval.

Centurie III-73

Quand dans le regne parviendra le boiteux,
Competiteur aura proche bastard :
Luy & le regne viendront si fort roigneux,
Qu'ains qu'il guerisse son faict sera bien tard.

Tout cela aura commencé par Adèle, la naturelle, à si haut non bas, il y aura beau y avoir des débats, le regne royal ne sera de retour que bien tard.

Centurie X-84

La naturelle à si haut non bas,
Le tard retour fera marris contens :
Le Recloing ne sera sans débats,
En employant & perdant tout son temps.

Il semble bien que Nostradamus se fasse l'écho d'une préférence divine qui relègue les lois du royaume au rang des choses au moins provisoirement passées. La descendance sauvée des massacres de la Révolution est prtivilégiée, une manière de rendre la justice. Ne doutons pas que les lignées officielles et légales ne l'entendront pas de cette manière… Si tant est qu'elles se réfèrent vraiment à Dieu pour se justifier…

Victor-Joseph Deweer s'est marié avec Honnis Célina Félicité et ils ont eu un fils Georges (né en 1878 à Mouscron) qui a eu lui-même trois enfants, Julia, Georges et Eugène (né en 1907 à Malaunay). Victor-Joseph et Georges ont opté pour la nationalité française sur deux générations. Ils ont d'abord été immigrés à Saint-Denis… avant de s'installer en Normandie. Étant donné leurs conditions de vie (ils étaient ouvriers dans l'industrie textile) et le fait qu'ils soient allés à l'école laïque, républicaine, ils ont adopté les opinions de leur milieu, c'est-à-dire que depuis Célina Félicité, la famille a épousé la vision rouge de la société. Ils furent de radical-socialistes à sympathisants communistes car il fallait être plus durs que roses à l'égard du capitalisme (Il n'était jamais question de la grande Révolution dans la famille, seulement des puissants qui venaient à l'église avec leur fusil)… Finalement, Eugène, se défiant de Georges Marchais autant que de François Mitterrand, passa par l'écologie avant de devenir « Citoyen du monde », contre la guerre, ce qui était le fond de sa pensée mais, certainement, il n'aurait pas été d'accord avec les mondialistes qui dominent le monde en 2021. Nous-mêmes sommes le fils unique d'Eugène, né en 1950. Encore plus éloignés des idées de gauche à cause de ce qui nous est arrivé ainsi que nous l'avons écrit dans le chapitre « Genèse d'un intérêt » et parce que celle-ci nous semble divaguer sur le plan sociétal. Et sur le plan social, elle n'apporte plus grand-chose, elle ne compte pratiquement plus. Elle est subordonnée à l'argent et aux forces occultes. Plongé dans ce milieu, il apparaît que mon père Eugène était agnostique. Quant à nous, plus tard, la quête de Dieu n'a pas cessé de nous tarauder.

Y a-t-il quelques traces d'un secret de famille ? Eh bien oui ! Outre le prénom d'Adèle (noble) Deweer en 1813, il y a Charles Louis (prénoms du dauphin) Deweer et bien plus curieux, une tradition qui nous vient du cousin Michel, fils de Julia, à savoir qu'à un moment un archiduc allemand aurait été notre ancêtre après avoir pris chez lui une Deweer, lui avoir fait un enfant naturel et l'avoir chassée. Cela est confus et semble chevaucher l'histoire de Victor-Joseph. Toujours est-il que cela pourrait laisser entendre que notre famille a bien frayé avec Louis XVII qui aurait pu se dire archiduc autrichien et non pas allemand qui n'est pas un véritable titre, fils qu'il était de Marie-Antoinette, archiduchesse. En plus, mais il paraît que ce n'est pas rare, Raymond, un demi-frère de Michel, a des traits boubonniens, il ressemblait beaucoup au roi Juan Carlos, traits qu'il devait tenir de son grand-père Georges.

Centurie V-40
Le sang royal sera si tres mesle,
Containts seront Gaulois de l'Hesperie :
On attendra que terme soit coulé,
Et que memoire de la voix soit perie.

Autrement dit, la vérité ne se fera que très tardivement et le sang royal sera tellement mélangé qu'il paraît même très douteux que l'on puisse en faire la preuve par des analyses ADN.

# La rédemption

Seul témoin de cette histoire volontairement cachée, nous sommes particulièrement, semble-t-il, concernés par un quatrain où nous cesserions d'être victimes de bâtardise.

Centurie II-13
Le corps sans âme plus n'estre en sacrifice,
Iour de la mort mis en nativité :
L'esprit divin fera l'âme felice,
Voiant le verbe en son éternité.

Le père, Louis XVII, l'aîné, le père avait privé à deux le corps de l'âme. Avec le premier vers, ce serait la fin du sacrifice, du martyre, qui est dit. Effectivement, notre mère nous a mis au monde le 3 novembre 1950 au petit matin et elle a dû entrer à l'Hôtel-Dieu de Rouen, le 2, jour des morts et date anniversaire de la naissance de Marie-Antoinette (en psychogénéalogie cela peut avoir un sens). La conséquence de mes découvertes serait que je verrais le verbe, le Christ selon saint Jean l'évangéliste, en son éternité, ce qui est conforme à la tradition chrétienne et dont, dès lors, je ne peux pas me défaire même si baptisé catholique, parce que c'est l'habitude familiale côté paternel, je ne pratique pas malgré ma mère qui le faisait sans communier, sans doute par respect des opinions de son mari.

Centurie IV-28
Lors que Venus du Sol sera couvert,
Soubs l'esplendeur sera forme occulte :
Mercure au feu les aura descouvert,
Par bruit bellique sera mis à l'insulte.

Vénus, le soleil et mercure étaient conjoints lors de notre ciel de naissance ce qui peut indiquer l'année 1950.

Centurie IV-93
Un serpent veu proche du lict royal,
Sera par dame nuict chiens n'abayeront :
Lors naistre en France un Prince tant royal,
Du ciel venu tous les Princes verront.

Le serpent peut aussi bien désigner le signe du serpentaire, intercalaire entre ceux de la balance et du scorpion. Il peut aussi vouloir dire le dragon, ce pourquoi les chiens se taisent, il y a danger, il s'agit d'une naissance et d'une vie périlleuses. À noter le « verront » du quatrième vers, qui peut renvoyer à Deweer, selon la manière synthétique et traditionnelle des anciens. De fait, nous créerons un site twitter « Verensea » qui est une contraction de ver, voir en latin, et sea, mer, see, voir en anglais, deux fois voir… une sirène.

Qui est le rédempteur dans cette histoire ? Sinon Dieu qui de façon ultime, par-delà les anges qui ont pu être les messagers entendus par Nostradamus, est l'auteur du message ?

Là ne s'arrête pas la rédemption.

Centurie IV-27
Salon, Mansol, Tarascon de SEX, l'arc,
Où est debout encor la piramide :
Viendront livrer le Prince Dannemarc,
Rachat honny au temple d'Artemide.

« Rachat honny », expression qui ne manque pas d'interpeller voire choquer le monde catholique tant il semble être utilisé par un mage d'inspiration suspecte, c'est-à-dire démoniaque. La découverte du temple parachèverait la rédemption de Honnis Célina Félicité et de ce qui a suivi, religieusement et politiquement, l'ordre cruel qui aura fait que le sceptre, le roi, était contre son propre monde, contre sa propre fonction divine.

C'était l'idée d'Eric Muraise qu'il fallait qu'il soit découvert un monument en Provence qui ferait la preuve en faveur des Bourbons aînés, Normands contre les Orléans, Penthièvre, Bretons.

Centurie IX-7
Qui ouvrira le monument trouvé,
Et ne viendra le serrer promptement,
Mal luy viendra, & ne pourra prouvé
Si mieux doit estre Roy Breton ou Normand.

D'après son interprétation, Eric Muraise disait que le temple se situait ptès de Saint Rémy de Provence, Saint Paul de Mausole, Glanum et ses Antiques, ce « dont on ne pouvait pas douter ».

Pour trouver les indices importants qui permettraient de conclure à l'imminence de la découverte : aqueduc ruiné, écriture D. M., nous nous sommes tout de même permis d'établir une concordance complète des Centuries afin de serrer au plus près la toponymie et de voir ce qu'il en était sur le terrain, car après tout le temple n'avait pas été découvert. C'était une contre-épreuve comme parfois on en fait en sciences.

Centurie V-66
Sous les antiques edifices vestaux,
Non esloignez d'aqueduct ruyne.
De Sol & lune sont les luisans metaux,
Ardente lampe, Traian d'or burine.

Centurie VIII-66
Quand l'escriture D. M. trouvee,
Et cave antique à lampe descouverte,
Loy, Roy, & Prince Vlpian esprouvee,
Pavillon Royne & Duc sous la couverte.

D. M. voudrait dire Diis Manibus, aux dieux mânes, inscription faite pour protéger une tombe.

Eric Muraise pensait que cela devait se trouver dans une Mésopotamie, bornée notamment par la Durance. C'est que nous commençons à diverger, pour nous la Mésopotamie est contituée par la Durance et la Sorgue, ainsi que la désigne aussi Pétrarque dans son Canzoniere.

Au mot Sorgue nous trouvons :

Centurie VII-21
Par pestilence inimitié Volsicque,
Dissimulee chassera le tyran :
Au pont de Sorgues se fera la traffique
De mettre à mort luy & son adherant.

C'est obscur mais au mot pont, nous trouvons aussi :

Centurie X-48
Du plus profond de l'Espaigne enseigne,
Sortant du bout & des fins de l'Europe,
Troubles passant auprès du pont de Laigne,
Sera deffaicte par bande sa grand troupe.

C'est vrai que pour Eric Muraise, la découverte devait se faire dans un contexte de guerre. Nous avons été incités à chercher du côté de la Sorgue et du pont de Lagnes. D'autant plus :

Centurie VII-14
Faux exposer viendra topographie,
Seront les cruches des monuments ouvertes :
Pulluler secte, saincte philosophie,
Pour blanches noires, & pour antiques vertes.

Centurie V-57
Istra de mont Gaulfier & Aventin,
Qui par le trou advertira l'armee
Entre deux rocs sera prins le butin,
De SEXT, mansol faillir la renommee.

Autrement dit, le site de Glanum devait être détrôné. Cela nous a incités à aller voir du côté de quel pont il fallait regarder. Pont de Lagnes sur la Sorgue, c'est à côté de Fontaine-de-Vaucluse et voici ce que nous avons découvert à côté, à Galas, de la terre très blanche.

I-21
Profonde argile blanche nourrit rocher,
Qui d'un abysme istra lacticineuse,
En vain troublez ne l'oseront toucher,
Ignorant estre au fond terre argilleuse.

C'était à une époque où Nestlé vendait son chocolat blanc Galak, une de ces synchronicités qui peut émailler une recherche, illustré par un dauphin traversant un anneau tenu par un enfant. Il faut se souvenir que Delphes, en Grèce, renvoie au même thème du dauphin et de l'utérus.

À côté, le long de la RD 24, nous avons trouvé une écriture M mystérieuse, sur un petit bâtiment. Des jambages en hameçons, les hauts du M terminés en cornes et trois points horizontaux. Interrogé à ce sujet, Jean Phaure, de la revue Atlantis, nous a dit que cela pouvait signifier Dei Mater, mère de Dieu, qui pêche les hommes. Selon un autre expert en pétroglyphes, cela signifierait : Jésus Marie Joseph. Une autre interprétation serait le M de Mithra. C'est extraordinaire que nous ayons trouvé une écriture

D. M. comme il est dit en VIII-66, exactement là où nous avions décidé de chercher.

Le long de cette même RD24, le long de la Sorgue, existent les ruines maintenant à peine apparentes d'un aqueduc romain. C'est le long de la colline, l'oppidum du Bondelon où nous avons poursuivi notre inspection. En haut du vallon de la Croupière, existe, si elle existe encore, une maisonnette en ruines où nous avons découvert sur un des côtés d'une fenêtre orientée à l'ouest, le nom Boni sous des arcades qui pouvaient faire penser à un temple. Cela nous a rappelé :

Centurie VIII-52
Le Roy de Bloys dans Avignon regner,
D'Amboise & semer viendra le long de Lyndre :
Ongle à Poytiers sainctes aisles ruiner,
Devant Boni.

Nous avons vérifié le mot Boni, le soir même, chez un habitant, dans un dictionnaire Morée. Boni était un archéologue du Forum romain (1859-1925). « Devant » signifierait qu'il nous a précédés. Cela a justifié que nous allions voir aux archives nationales italiennes, à Rome, ce qu'il en était de ce personnage. C'était un spécialiste de la colonne Trajan où figure une tête d'homme (Jupiter ?) comme il en existe une dans les graffitis templiers à Chinon. Incidemment, nous avons trouvé un livre, « Grotteschi » d'Ettore Romagnoli, contenant un chapitre : « Diffatismo sul Palatina ». Boni aurait découvert, au retour d'un long voyage, alors qu'il était fatigué, un monument merveilleux par sa structure, plus que par toute autre chose et qu'il n'avait laissé qu'un signe topographique fait avec un os de cimetière. Or c'est précisément ce dont parle Eric Muraise dans son « Histoire et légende du Grand Monarque ». Il est plus que douteux que l'on puisse faire semblable identique découverte pour l'époque contemporaine et même, cela semble n'avoir jamais existé de toute l'histoire depuis Nostradamus. Boni était un ami d'Anatole France qui a écrit « Sur la pierre blanche », un essai philosophique consistant à déterminer quelle était la meilleure tradition prophétique, il en a été le héros.

Si Boni s'est enfoncé sous terre et a vu le temple, nous, par contre, n'avons pas été prêts à nous hasarder dans des puits sans assistance.

Centurie X-80
Au regne grand du grand regne regnant,
Par force d'armes les grands portes d'airain :
Fera ouvrir, le Roy & Duc ioignant,
Fort demoly, nef à fons, iour serain.

Fons, « nobilis fons », noble fontaine, Fontaine-de-Vaucluse a au moins cela de commun avec le site à découvrir, sans compter le fort démoli, le château des évêques de Cavaillon qui domine. C'est un indice de plus. Cela fait six indices réunis pour le même lieu : l'agile blanche, l'écriture D. M., l'aqueduc, le nom Boni, la fontaine, le fort démoli. Nous ne croyons pas que semblable performance ait été précédemment atteinte.

Maintenant, que contient le temple de si précieux qui puisse nous intéresser ?

Centurie X-81
Mis tresors temple citadins Hesperiques,
Dans iceluy retiré en secret lieu :
Le temple ouvrir les liens fameliques,
Reprens, ravis, proye horrible au milieu.

Les liens familiaux, selon des écrits capitolins, la « loi Ulpian » éprouvée (VIII-66) ?

Centurie I-45
Secteur de sectes grand peine au delateur,
Beste en theatre dressé le jeu scenique,
Du faict antique ennobly l'inventeur,
Par sectes monde confus & schismatique.

« Ennobly l'inventeur »…

Centurie IX-32

De fin porphire profond collon trouvee
Dessous la laze escripts capitolin :
Os poil retors Romain force prouvee,
Classe agiter au port de Methelin.

Un doute subsiste quant à l'ouverture du temple ou de la tombe.

Centurie IX-84

Roy exposé parfera l'hécatombe,
Après avoir trouvé son origine :
Torrent ouvrir de marbre & plomb la tombe,
D'un gand Romain d'enseigne Medusine.

Par un torrent, la Sorgue, ou une autre exurgence ? Ou par force d'armes ? Ou par les deux ? Marie-Julie Jahenny de Blain en Loire-Atlantique, « Prophéties de la Fraudais » et « Cris du Ciel sur le temps qui vient », a dit que des pluies importantes sur les Alpes permettraient de découvrir des trésors antiques, ce qui ne s'est pas encore produit. Cela pourrait justifier le quatrain :

Centurie V-71

Par la fureur d'un qui attendra l'eau,
Par la grand'rage tout l'exercice esmeu :
Chargé des nobles à dix-sept barreaux,
Au long du Rosne tard messager venu.

Il peut y être question d'un descendant de Louis XVII. Soit dit en passant, il y a le Rhône mais aussi la Rhosne qui coule à Amougies, ce qui pourrait être une précision supplémentaire sur le lieu d'origine.

Qu'y aurait-il donc d'autre à découvrir sur le site archéologique caractéristique par l'argile blanche ?

Centurie IX-12
Le tant d'argent de Diane & Mercure,
Les simulachres au lac seront trouvez :
Le figulier cherchant argille neuve
Lui & les siens d'or seront abbreuvez.

Le fait qu'il y ait de l'argile sur le site incite à penser qu'il puisse exister un lac souterrain.

La légende veut qu'à Fontaine-de-Vaucluse il y ait de l'or caché. La grotte de la vache d'or… et le thème de la chèvre d'or y est également attaché.

À un autre endroit, Nostradamus parle du Général romain Caepio (Capion) qui a ramené l'or de Delphes, l'a volé puis rendu.

Centurie VIII-29
Au quart pillier lon sacre à Saturne,
Par tremblant terre & deluge fendu
Soubs l'edifice Saturnin trouvee urne,
D'or Capion ravy & puis rendu.

Déluge :

Centurie X-6
Sardon Nemans si haut deborderont,
Qu'on cuidera Deucalion renaistre.
Dans le collosse la plus part fuyront,
Vesta sepulchre feu esteint apparoistre

Le Deucalion était un délage. En l'occurrence là, avec des débordements de torrents, se révèle un tombeau lié à la déesse Vesta, aux Vestales chargées d'entretenir le feu.

Centurie IX-9
Quand lampe ardente de feu inextinguible
Sera trouvé au temple des Vestales.
Enfant trouvé feu, eau passant par crible :
Perir eau Nymes, Tholose cheoir les halles.

Eric Muraise pensait que Nostradamus pouvait avoir trouvé le temple, étant enfant. « Crible », nous sommes bien dans cette situation avec Fontaine-de-Vaucluse où l'eau se fraye un chemin au travers de roches calcaires. Nous avons déjà vu qu'il était question d'une « lampe ardente » dans la centurie V-66 et en VIII-66. Il est d'ailleurs curieux que des quatrains importants soient marqués par le nombre 66. Ce qui suppose une cryptographie pour les Centuries mais c'est une autre histoire.

Quand la mise à jour sera-t-elle faite ? La centurie IX-84 évoque une hécatombe.

Centurie X-74
Au revolu du grand nombre septiesme,
Apparoistra au temps ieux d'Hecatombe :
Non esloigné du grand aage milliesme,
Que les entrez sortiront de leur tombe.

Dans la chronologie de Nostradamus, il semble bien que la fin du septième millénaire corresponde à la fin des années 2000, « au revolu », ce qui nous mettrait dans les années qui suivent. Eric Muraise pensait que l'hécatombe était liée à une guerre meurtrière qu'il avait entrevue contre l'Union soviétique dans les années 1983-84 ainsi que semblaient l'indiquer les Prophéties de la Fraudais de Marie-Julie Jahenny. La prospective est un art difficile. Des esprits chagrins et complotistes diraient qu'il pourrait plutôt s'agir des suites de la vaccination de la Covid19, de 2021. Des décès par thromboses, caillots, myocardites, crises cardiaques, accidents vasculaires cérébraux et cancers, sans compter des problèmes d'immunité rendue déficiente, sont pronostiqués. La guerre ne semble plus du tout à l'ordre du jour mais sait-on jamais ?

« Les entrez sortiront de leur tombe », s'agit-il de la résurrection génétale des morts ? Nous pensons qu'il est plus prudent de croire que conformément à l'ouverture de la tombe romaine, ce pourrait être celle de Caïus César, frère de Lucius César, et de son épouse. Tous deux avaient été faits princes par l'empereur Auguste. Ils sont morts prématurément. Pour la découverte, il est également question de l'empereur Trajan (lampe d'or burinée, V-66) qui intervient plus tard dans l'Histoire, 53 à 117 Ap. J-C.

Est-ce à dire que, finalement, outre les écrits capitolins, des archives précieuses seraient à découvrir à propos du christianisme ? Ce serait en définitive le sens le plus profond de la présente quête qui parachèverait la rédemption.

Incidemment, nous pouvons souligner que Galas, Vaucluse, Vallis Clausa, évoquent Galaad, ad Gala, Perceval le Gallois, les héros de Chrérien de Troyes et la quête du Graal. N'est-ce qu'une coïncidence ?

III-53
Quand le plus grand emportera le prix
De Nuremberg d'Augsbourg, & ceux de Basle,
Par Agrippine chef Frankfort repris
Traverseront par Flamant iusques en Gale.

Flamand, Gale (ou Gaule ?)... Nous ne sommes pas Otto Rahn, le juif recruté par les nazis, qui émit des théories et a fait la quête du Graal à travers l'Europe…

Centurie II-55
Dans le conflict le grand qui peu valloit,
À son dernier fera cas merveilleux,
Pendant qu'Hadrie verra ce qu'il fallait,
Dans le banquet pongnale l'orgueilleux.

Banquet, gala, pongnale, pont de lagne…

# Conclusion

Nous sommes pris dans un combat qui nous dépasse. Quel serait le dessein de Dieu en nous faisant découvrir un « temple d'Artémide » qui, a priori, est d'origine païenne ?

Par rapport à la thèse d'Eric Muraise, nous serions en train de faire la vérification qu'elle est valide ou, a contrario, qu'elle est rendue improbable pour notre époque si nous avons tort. Il faudrait faire un calcul de probabilités, au demeurant difficilement faisable, pour estimer les chances de réalisation. C'est tout ou rien. Cela semble tenir à des pluies diluviennes sur les Alpes. Est-ce réaliste d'y penser ?

Des prophéties qui vont dans le même sens que les Centuries de Nostradamus, il y en a bien d'autres et Eric Muraise en a fait état dans son « Voyance et prophétisme » (Editions Fernand Lanore, 1980). Nostradamus a cet avantage par rapport aux nombreuses autres prophéties, c'est qu'il peut être l'occasion d'une quête archéologique et, rétrospectivement, de rétablir l'histoire de Louis XVII. Ce serait un descendant, d'un roi perdu, qui serait à la tâche contrairement à ce qu'à prétendu démontrer les analyses ADN de l'an 2000 (dont, a priori, les probabilités ne sont pas supérieures à celles entrevues dans le présent ouvrage), organisées par des royalistes matérialistes, en somme, en quête d'héritage, peu gênés de ruiner une tradition prophétique multiséculaire, en fait de s'en prendre à Dieu et d'escamoter une page importante d'histoire comptrenant le pardon de certains révolutionnaires qui n'auraient pas été si mauvais que ça. Cela a été démontré, des innocents ont été condamnés avec des erreurs relatives à l'ADN. On parle de probabilité que le cœur de Louis XVII ait été le sien, pas de certitude comme on le fait abusivement. Partant de là, la science aurait irrévocablement jugé…

Si découverte il y a, elle serait un écho aux réglages fins de l'univers ainsi qu'il en est fait état dans « Dieu La science Les Preuves » de Michel-Yves Bolloré et Olivier Bonnassies (Guy Trédaniel Éditeur, 2021) tant elle se produirait de façon proche de la fin des temps annoncée, près de l'année 2030. Il faudrait bien cela pour contrer les entreprises transhumanistes et fort imprudentes, visant à changer la nature de l'homme, contre la création telle qu'elle a été prévue par Dieu. Il manquait un chapitre par les deux auteurs comme quoi les prophéties contemporaines pouvaient être une preuve de « degré 5 », voilà qui a été tenté d'être fait.

D'où venons-nous ? Pat qui avons-nous été missionnés ? Ce serait de la folie d'en discuter. Nous viendrions du Ciel ainsi que nous l'avons vu en centurie IV-93. Nous existions déjà quand Nostradamus a écrit.

Centurie I-56
Vous verrez tost & tard faire grand change,
Horreurs extrêmes & vindications :
Que si la Lune conduite par son ange,
Le ciel s'approche des inclinations.

La Lune, selon la tradition astrologique, est la France. « Tost & tard » est typique de la mission, il y a longtemps que nous avons commencé d'y travailler et ce n'est que tardivement que nous réussirions. Apparemment, une mission impossible tant les adversaires paraissent redoutables. À tel point qu'après avoir rédigé une « Expertise royale - Concours de vingt faisceaux de preuves pour une certitude », en octobre 2002, pour contrer les analyses ADN, texte avec lequel nous avons voulu empêcher l'inhumation du soi-disant cœur de Louis XVII avec l'aval des autorités religieuses, en 2004, thèse que nous avons rappelée fin 2011 et qui a toujours rencontré un immense silence, une cruelle indifférence. Nous avons voulu rejoindre notre patrie céleste, le 27 décembre 2011, jour de la saint Jean Évangéliste. Si cela ne s'est pas fait, nous en avons déduit que Dieu ne le voulait pas, sans savoir qu'un jour nous écririons le présent petit livre.

L'obstination pour que n'existions pas (tout l'univers serait contre selon Marie-Julie Jahenny) serait tellement grande que nous serions niés en tant que Georges.

Centurie V-31
Le temblement de terre à Mortara,
Cassich sainct George à demy perfondrez :
Paix assoupie la guerre esveillera,
Dans temple à Pasques abysmes enfondrez.

Le nom Honnis nous a bien entendu fait penser à la devise de l'ordre de la Jarretière, « Honi soir qui mal y pense ! », patronné par saint Georges, « le saint qui n'existe pas » et qui n'a pas été retiré du calendrier catholique, le 23 avril, seulement parce qu'il est trop célèbre. D'ailleurs, les Anglais auraient fait des recherches de trésor à Fontaine-de-Vaucluse. Selon Hyppolite Delehaye, « Les saints militaires », un autre prénom de Georges serait Jean et la fête de la dédicace a lieu le 3 novembre. Il semble qu'il y ait au moins deux Georges et que les légendes se mélangent au point qu'on n'y voit plus clair, l'un venant du futur comme s'il était un voyageur du temps…

En outre, c'est curieux, Eva Tea qui a écrit « Giacomo Boni » sur les temps, la vie et l'œuvre de l'archélogue, souligne que sur la colonne Trajan, il y a une inscription : TANTIS OPERIBUS EGESTUS (già avvertito dal Georges)… EGESTUS, le geste de saint Georges pelletant la terre. Cela établit bien un lien entre Nostradamus, Boni et la colonne Trajan pour laquelle une colline d'une trentaine de mètres a été arasée.

Avec la même racine « cassi » :

Centurie II-31
En Campanie le Cassilin fera tant,
Qu'on ne verra d'eaux les champs couvers :
Devant apres la pluye de long temps,
Hors mis les arbres rien l'on verra de vert.

« L'on verra de vert »… Weer veut dire en flamand « le temps qu'il fait », l'armée. Tant, long temps, la rime est parlante. Selon la sourate 18 du Coran sur l'homme vert, Al Khidr, lié à des périodes de sécheresse après lesquelles, après son passage tout reverdit. Selon ses lecteurs, ce serait un ange. Il aurait rencontré Moïse… Il semble avoir un rôle religieux important même si, à l'évidence, celui-ci est bien moins prééminent que celui de Jésus-Christ. Dieu seul sait ce qu'il veut dire aux Musulmans et il semble bien que cela ait été pensé… Dans la légende, Saint Georges compte par rapport à eux. Il permet la victoire contre eux mais ne s'agit-il pas non plus d'amadouer le dragon meurtrier ?

Donc l'enjeu de la découverte archéologique serait multiple et si nous avons perdu plus de vingt ans à cause des analyses ADN et du manque de réceptivité qu'elles ont engendré, ce n'est sans doute pas pour un rôle temporel que certains voudraient nous faire jouer, comme d'être un super Louis XIV qui chasserait les Musulmans du royaume de France, comme cela a été fait des protestants avec la révocation de l'Edit de Nantes. Expérience qui a montré que la France y avait plutôt perdu. Le rôle est d'abord spirituel.

Le rachat semble concerner bien plus que notre petit cercle familial et si nous nous exposons comme nous le faisons, c'est pour faire antériorité.


Unité, Justice, Harmonie

Composition et mise en page réalisées avec l'aide de
WriteControl

Imprimé en Allemagne
Achevé d'imprimer en février 2022
Dépôt légal : février 2022

Pour

Le Lys Bleu Éditions
40, rue du Louvre
75001 Paris

LE LYS BLEU

ÉDITIONS